민들레 솜털처럼

민들레 솜털처럼

이해인

해인 수녀가
꼭 전하고 싶은 말들

마음산책

민들레 솜털처럼
해인 수녀가 꼭 전하고 싶은 말들

1판 1쇄 발행　2025년 11월 22일
1판 3쇄 발행　2025년 12월 5일

지은이　　　　이해인
펴낸이　　　　정은숙
펴낸곳　　　　마음산책

담당 편집　　　이서영
담당 디자인　　한우리
담당 마케팅　　권혁준·김근희
경영지원　　　박지혜

등록　　　　2000년 7월 28일(제2000-000237호)
주소　　　　(우04043) 서울시 마포구 잔다리로3안길 20
전화　　　　대표 | 362-1452　편집 | 362-1451　팩스 | 362-1455
홈페이지　　www.maumsan.com
블로그　　　blog.naver.com / maumsanchaek
엑스　　　　x.com / maumsanchaek
페이스북　　facebook.com / maumsan
인스타그램　instagram.com / maumsanchaek
전자우편　　maum@maumsan.com

ISBN　　　　978-89-6090-965-6 03810

* 책값은 뒤표지에 있습니다.

내가 당신 앞에
책이 되는 순간이 있어요

책머리에

첫 시집을 낸 이후 수십 년간 신문, 잡지, 방송 등 다양한 매체에서 인터뷰를 할 기회가 많았습니다. 그런 기회들을 통해 했던 말 중 어떤 말은 분명 제가 한 말인데도 조금 낯설게 느껴질 때가 없지 않았습니다. 한데 또 어떤 말은 두고두고 외우고 싶을 정도로 다정하고 유익하게 여겨져서 누군가와 나누고 싶다는 생각을 종종 했습니다.

'한 우물을 파니 나도 모르게 좋은 말들이 나오는구나.' '스스로 감동해서 한참 되새기고픈 말도 발견이 되네?'라고 고백하면서 말입니다.

오래오래 다듬지 않고 불쑥 튀어나온 날것 그대

로의 말들은 더욱 새로운 매력과 설렘, 그리움의 향기를 담아 제게 돌아오곤 했습니다. 몇십 년 동안 모은 저의 인터뷰 자료와 공개되지 않은 대화록 중에서 남기고 싶은 말들을 꼼꼼히 챙겨 정리하고 추려보았습니다.

어느새 인생의 해가 짧아진 팔십대의, '아직 마음은 젊은' 노수녀가 차 한잔 사이에 두고 친지들에게 들려주고 싶은 이야기들이라고 생각해도 좋을 것 같습니다.

제가 언젠가 이 세상을 떠나도 이 말들에 담긴 제 마음은 곁에 남을 것이라고 생각합니다. 제가 했던 말들이 민들레 솜털처럼 세상을 날아다닌다 생각하면 여린 민들레의 솜털도 강하고 소중하게만 느껴집니다.

제가 사는 수녀원에서는 추운 겨울을 빼고는 거의 날마다 민들레의 하얀 솜털을 만날 수 있어요. 만남의 기쁨과 이별의 슬픔, 그리고 슬픔 속에서도 다시 일어서는 희망을 오늘도 민들레에게 배우며 오래된 사랑의 인사를 드리고 싶어요.

『민들레 솜털처럼』을 공들여 만들어준 마음산책에 깊이 감사드립니다.

우리 모두 서로가 서로에게 존재 자체로 꽃선물이 될 수 있길 기도하면서, 소박하고 정겨운 사랑 담아 크리스마스 선물처럼 이 책을 드리고 싶습니다.

2025년 11월

부산 광안리 성 베네딕도 수녀회 해인글방에서

이해인 수녀

차례

책머리에　7
· 1 · 수도자와 시인 두 존재 두 역할 속에서　15
· 2 · 작은 향기와 몫으로 시의 꽃을　21
· 3 · 넓을 광에 편안할 안　27
· 4 · 정직하고 겸손하게 목소리를 내기　33
· 5 · 인생의 사계절을 거쳐 익은 열매　39
· 6 · 당신 앞에 책이 되는 순간　43
· 7 · 사랑 애보다 어질 인이 좋아요　47
· 8 · 수십 년 전 작은 아이가 했던 말　51
· 9 · 큰 나무가 다 쓰러져도 작은 꽃들은 살아남아　55
· 10 · 그때만 표현할 수 있는 노래가 있기에　59
· 11 · 글방의 서랍 속에 차곡차곡　63
· 12 · 소망을 이어받아 기도하는 심부름꾼　67
· 13 · 넓어져라 깊어져라 순해져라　73
· 14 · 먼지 묻은 신발을 깨끗이 닦아주는 마음으로　81

· 15 · 의식적으로 깨어 있기 87
· 16 · 내가 아니면 누가, 지금 아니면 언제 93
· 17 · 깨끗한 말, 따뜻한 말, 겸허한 말, 진실한 말 99
· 18 · 절로 시인이 되지 않을 수가 105
· 19 · 내 안의 마음은 내가 만들어야 하는 것 109
· 20 · 제맛을 낼 때까지 인내 속에서 113
· 21 · 남몰래 흘린 눈물이 진주가 되어 119
· 22 · 아픔도 이제는 친구 123
· 23 · 모든 것이 좋았다고 모든 것에 감사했다고 129
· 24 · 함께 산다는 사실이 힘과 용기를 135
· 25 · 읽고 쓰는 수도자로 살아온 지 60년 139
· 26 · 독자들은 언제나 선물 같아요 145
· 27 · 책들에게 고맙다는 인사를 149
· 28 · 민들레 솜털처럼 좋은 씨를 뿌렸구나 153
· 29 · 제게 보내진 마음들을 생각하며 157

나의 숙제는

아직도 끝나지 않은

기도입니다

· 1 ·
수도자와 시인
두 존재 두 역할 속에서

　인간이 태어나면 하나밖에 없는 자신의 삶을 인류를 위해 바쳐야 한다는 생각을 어린 시절에는 했습니다. 불타는 인류애 내지는 이타심 같은 것에 마음이 끌렸지요. 그래서 고등학교를 졸업하자마자 망설임 없이 수도회에 들어갔습니다.

　수도회에 들어가기 전 학창 시절에는 글 쓰는 것을 참 좋아했어요. 중학교 시절에는 문예반에서 활동했고 고등학생 때는 여러 백일장에 나가서 입상하며 선생님들께 인정받고 격려받는 게 기뻤어요. 그러나 수도자가 되면서 문학은 자연스레 포기해야 하는 줄 알았죠. 가끔 혼자만의 노트에 글을 적어두는 것으로 만족했습니다.

어느 날 당시 수녀원 원장님께서 그동안 써 모은 시를 한 원로 시인에게 보여주면 좋겠다고 하셨어요. 그 시인께서 혼자 보기 아깝다며 출간을 권유하셨고, 그래서 1976년 첫 시집 『민들레의 영토』가 세상에 나오게 되었습니다.

처음에는 수도원 가족끼리, 지인들끼리 돌려볼 생각으로 만들었지만 시들 중 일부가 신문 몇 군데에 실리게 되었고, 그렇게 소문이 퍼져 재쇄를 계속 찍을 수밖에 없었던 것이죠.

수도자 '이명숙'과 시인 '이해인'이라는 두 존재로 살며 두 역할 속에서 참 힘들기도 했지만, 기꺼이 선택한 수도자라는 삶, 그리고 저의 글을 싫증 내지 않고 꾸준히 읽으며 격려해주시는 독자들이 있어 지금의 제가 있는 것 같습니다.

기도서를 펼치지 않아도 시를 쓰며 기도하는 저 자신을 보면서, 그런 두 역할이 이제는 자연스럽게 하나가 되었구나, 하는 생각도 합니다.

간혹 어린 학생들은 이런 질문을 하기도 해요.

"왜 수녀가 되셨나요? 결혼도 못 하잖아요."

"누군가를 사랑해본 적 있으세요?"

이렇게 묻는 학생들에게 저는 많은 이야기를 해주고 싶지요. 삶의 여러 가지 길에 대해, 제복을 입고 수련하는 삶의 기쁨에 대해, 각자의 자리에서 빛을 내며 사는 삶에 대해 말이지요. 그렇지만 그런 질문에는 보통 이렇게 답하는 것 같아요.

"시를 읽어보세요. 시에서 표현한 사랑을 느껴보세요."

제가 제일 사랑하는 집인 수녀원에서 글을 쓰며 살아가는 기쁨은 이미 시구에 다 스며들어 있으니까요. 제 삶은 남들과 크게 다르지 않아요. 우리 모두 자신이 가장 사랑하는 방식으로 삶을 살아가고 있다는 걸 시가 알려주지요.

수도 생활을 하며 시까지 쓰게 되었으니, 이런 기쁜 일생이 또 어디 있겠습니까.

침방

침실

수방

으로 불리는

나의

자그마한 방

조은집 407호실

여기서 나는

오랜 시간

생각하고

기도하고

꿈꾸고 잠들었지

언젠가는

먼 길 떠나

이 방을

비우고

다른 이가 들어와

살게 되겠지

오늘은

처음으로 이 방이

바다 위에 뜬 섬 같기도 하고
기쁘게 항해하는
한 척의 배와 같이 느껴져서
창문을 열어보네

내가 살아 있어
새롭게 정겨운
나의 방에서

행복은 이리도
가까이 있는 것을 깨닫는
가을의 아침

「나의 방에서」

마음의 중심을
잡는다는 건
마음을 둥글게
만드는 일이 아닐까요

· 2 ·
작은 향기와 몫으로
시의 꽃을

    어린 시절부터 가족들 모두가 문학을 사랑하는 모습을 보고 자연스레 문학을 가까이하게 되었습니다. 저는 별칭이 '책 읽는 소녀'였지요. 제 취미 중의 하나가 책 읽는 사람들의 모습이 담긴 엽서나 그림을 모으는 것입니다. 몇 년 전 워싱턴의 미술관에서 『읽는 여자들 Reading Women』이란 제목의 명화 모음집을 발견하곤 얼마나 기뻤는지요.

    수녀야말로 시와 어울린다는 생각을 저는 자주 합니다. 욕심 없이 모든 것을 비우고 버리고 사는 수도 생활 자체가 절제된 언어예술인 시와 닮았다고 생각하지 않으세요?

어릴 적, 학교에 글을 써 가면 늘 격려를 받았고, 수도 생활을 하면서 틈틈이 쓴 시들도 처음엔 발표할 생각으로 쓴 것들이 아니었지만 어느 날 세상의 빛을 보게 되었지요. 그 후 글을 쓰고 번역도 하는 일이 이젠 저의 중요한 소임이 되었습니다. 그렇게 글을 써오게 된 거지요.

수녀가 쓴 책이라니까 처음부터 끝까지 하느님, 예수님 이야기만 나올 거라는 선입견을 가진 분들도 있었죠. 제 책을 사놓고도 책꽂이에 꽂아둔 채 읽지 않았다는 독자들의 고백도 들은 적이 있습니다. 그러다가 평범한 일상사, 사랑, 우정, 자연이 소재인 것을 읽고 '나도 이런 생각을 했는데……'라며 공감하고 정겨움을 느낀다고들 해요. 저에게 다양한 계층의 독자가 생긴 것도 그런 이유에서인 것 같습니다.

저는 어떤 특별한 목적을 가지고 시를 쓰는 편은 아닙니다. 특정한 주제에 대해 글을 써달라는 요청이 있지 않다면, 마음이 움직일 때 주제를 정하고 써 내려갑니다. 보고 들은 것들이 다 글의 소재가 되는데, 너무 난해한 표현을 하지 않고 평범한 사람들과도 통할 수 있는 말을 고르고 수정하는 과정이 꼭 필요합니다. 그 과정이 어려울 때도 있지만 즐겁습니다.

수도원에서 매일 아침 하늘을 바라봅니다. 날마다 구름의 모습이 다르죠. 소임을 다하기 위해 일하는 사이에 듣는 새소리는 또 새롭습니다. 매일 마주치는 것들을 새롭게 보는 마음, 이것도 수도 생활이라고 할 수 있지요. 매일 새롭게 깨어난다는 점에서요. 시를 쓸 때 이런 새로움에 대해 생각합니다.

수도원이 바닷가에 있으니, 어쩌다 힘든 일이 생기면 심호흡을 하면서 바다를 바라봅니다. 덕분에 글을 쓸 때 힘을 얻기도 해요. 힘든 일을 붙들고 있기보다는 호흡을 통해 왜 나에게 이 일이 생겼을까 기도하며 들여다보지요. 마음의 중심을 잡는다는 건 마음을 둥글게 만드는 일이 아닐까요.

'수녀 시인'이라는 특이한 배경 때문에 시인으로서의 정체성을 찾는 데 어려움이 있기도 했어요. 그러나 지금은 시인과 수녀라는 정체성 사이에 갈등이 남아 있지는 않은 것 같습니다. 문학사에서 제가 중요한 인물로 기록되지 않더라도 상관없다 할 만큼 평범한 수도자로 남고 싶은 갈망을 더 중요시 여기려고 해요.

그래도 제가 세상을 떠난 먼 훗날 수녀 시인 아무개가 있었다며 사람들이 기억을 해준다면 또한 기쁘겠지요. 살아 있는 동안 저는 계속 저만의 작은 향기와 몫으로 시의 꽃을 피워갈 것입니다.

나는 일생을
그냥
읽는 여자로
단순한 수녀로
살았습니다

끝없이 많은
책을 읽고
사랑을 읽고
날씨를 읽고
꿈을 읽으며
힘든 적도
조금 있었지만
더 많이 행복했습니다

세상을 잘 읽고

사람을 잘 읽어

도道에 이를 수 있는

지혜를 구하며

오늘도 길을 갑니다

나의 숙제는

아직도 끝나지 않은

기도입니다

「읽는 여자」

마음의 어머니 같은 역할을
광안리 바다가 했어요
넓을 광廣에 편안할 안安
뜻도 참 좋지요

3

넓을 광에
편안할 안

　옛날에는 제가 지금 살고 있는 성 베네딕도 수녀원 안에서도 바다가 잘 보였어요. 침실에서도 보이고 여기저기서, 눈만 돌리면 바다가 바라다보였습니다. 수녀원에서 바다를 향하는 길도 지금은 시멘트 도로이지만 예전에는 다 개울이었요. 그래서 광안리 바다를 보러 가는 게 커다란 기쁨이었죠. 거기서 다른 수녀들과 함께 수영도 하고, 해수욕도 하고 조가비도 주웠습니다. 마음의 어머니 같은 역할을 광안리 바다가 했어요.

　넓을 광廣에 편안할 안安. 뜻도 참 좋지요. 외국 손님들에게 "광안 민스 와이드 스프레드 피스Gwangan

means wide spread peace" 이렇게 영어로 설명하고 그랬답니다.

지금은 고층 빌딩이 자리 잡고 많이 화려해졌지요. 광안리 바다는 물리적으로도 저의 고향 같은 곳이지만 수도 생활에 영감을 준 종교적, 시적 고향이기도 합니다.

제가 서울 명동 같은 도심에 살았으면 느끼지 못했을 평온함을 여기 광안리 바다에서 만났어요. 그리고 그 바다에서 하느님을 만났죠. 바다가 긴 세월 동안 저에게 깊은 위로를 주었고 그래서 광안리에 대한 애정이 남다른 것 같아요. 지금은 커다란 다리도 생기고 풍경이 많이 바뀌어서 조금 아쉽기는 하지만 그래도 수평선을 바라보는 그 기분은 여전히 좋습니다.

바다를 보며
소나무를 보며

광안리에서
50년을 살았어요

바다는 나에게
넓어져라 하고
소나무는 나에게
늘 푸르러라 하고

말 잘 듣고 사느라
종종 힘이 들었어도
지금은 행복해요

바다의 출렁임
소나무의 꼿꼿함
모두가 사랑이지요

이젠 보기만 해도
그 마음 압니다

「광안리에서」

*

바다에 나가서도
파도가 없는 날은
파도를 잊고 있다가
파도가 밀려오는 걸
직접 보았을 땐
언제나 설레고
가슴이 뛰었지

하얗게 부서지는 파도라고
습관처럼 노래해왔는데
신비로운 초록이
안으로 숨어 있는
푸른 파도였구나
초록으로 초록으로
힘차게 일으키는
생명의 빛깔이었구나

파도빛이라고
소리내어 말하는 것 자체가
얼마나 싱싱하게 멋지고

시적인 표현인지?

비가 오고 바람 불면

더 푸르게 살아나는

파도빛 영성으로

안일하게 잠들지 않고

깨어 있는 기도로

부서지는 물결로

나는 내내

파도빛으로

다시 다시 일어서는

매일을 살고 싶네

「파도 빛깔」

시인이 되려면
깊고 풍부한 사랑을
지녀야 합니다

· 4 ·
정직하고 겸손하게
목소리를 내기

 좋은 글을 쓰기란 그렇게 쉽지 않다고 자주 생각해요. 그러니 노력을 많이 해야지요. 글을 잘 쓰고 싶어 하는 어린이들, 어른들이 질문을 해올 때가 있어요. 글쓰기에서 제일 강조하고 싶은 것은 사물을 잘 관찰하고 깊이 생각하는 연습입니다. 그렇게 스스로 글감을 구하고, 그 글감을 잘 익히는 노력을 해야 할 테죠.

 진실성 없이 겉멋만 부린 말잔치가 되지 않도록 노력하는 일도 필요해요. 허영심은 버리고 정직하고 겸손하게 자신의 목소리를 내기 위해 매일 일기를 쓰는 것도 도움이 되지요. 잘 모르는 표현은 꼭 사전을 찾아서 확인해보는 것, 다른 사람의 글을 인용할 때는 출처를 반드시 표기하는 예의도 중요합니다.

어떤 이들은 시인이 되는 방법에 대해 묻기도 합니다. 시인이 되려면 예리한 안목도 중요하지만 깊고 풍부한 사랑을 지녀야 한다고 보아요. 또 너무 빨리 시인이 되거나 책을 내고 싶다는 성급함은 버리세요. 그리고 무엇보다, 쓰기 전에 먼저 공부하는 마음으로라도 다른 시인들의 좋은 작품을 많이 읽어야지요.

쓰다 만 시를
머리맡에 두고
잠이 들었다

꿈에도
고운 말 찾으려고
산 숲 바다 시장터를
헤매고 다니다
답은 못 찾아도
답답하지 않았지

언제나 숨어 있길
좋아하는
마음속의 시들

내내 품기만 하고
밖으로 못 나온 채
세상을 떠난다 해도
고맙다고
행복하다고
연습 삼아 말하는데
자꾸만
눈물이 나네

「꿈 일기」

 저는 시를 완성하기 위해서, 글꽃을 피우기 위해서 걸으면서도 밥을 먹으면서도 글자들을 마음속에서 자꾸 굴려봅니다. 이 말이 적절할지, 더 향기가 나는 글자는 없을지 생각하면서요.
 이번 여름에 서울국제도서전의 특별 기획 도서

『믿을 구석』이란 앤솔러지에 참여하면서 쓴 글이 있습니다.

"내가 힘들 때 숨을 수 있는 어떤 곳. 나는 보물 서랍이라고 부르고 싶다. 내 마음속에 오래된 서랍이 하나 있어 이름을 붙이자면 나는 그것을 보물 서랍이라고 말하고 싶다. 기쁠 때는 웃음을 슬플 때는 눈물을 아플 때는 한숨을 여기 넣어두고 혼자서 조심스레 음미하다 보면 스스로 정리가 되고 지혜로워지는 걸 경험하게 되더라고. 누군가에게 소리 내 말하지 않더라도 요란하게 도움을 청하지 않더라도 스스로 기도하며 만들어가는 침묵의 비밀 서랍. 비밀 서랍 보물 서랍. 하느님과 나만 아는 비밀 서랍이 최고의 믿을 구석이 아닌가."

이러한 사색을 하며 시를 썼습니다. 해인글방에는 오래된 서랍이 많다 보니, 자연스럽게 보물 서랍이라는 글자를 자주 입안에서 굴리게 되었고, 그러다가 쓰게 된 것이지요.

시가 안 써진다고 억지로 짜내지 않고 내가 좋아하는 글자들을 생각하면서 다른 사람이 쓴 글을 많이 읽다 보면 자연스럽게 내 가슴에 안기는 글자들이 생기게 돼요. 내가 쓰지 않으면 외로울 글자들과 친해지기 위해서 노력합니다. 내 생활을 꾸미지 않는, 정직한 글을 쓰기 위해 글자를 사랑합니다.

시는 그저 자연스럽고,
좋은 것입니다
또 소중한 삶의 노래이고
대화이며, 기도입니다

인생의 사계절을
거쳐 익은 열매

    제 시를 두고 소박하고 꾸밈이 없어 편안하게 읽힌다는 이야기를 많이 합니다. 저도 공감합니다. 하지만 남들이 쉽게 읽는다고 해서 단순하게 시를 쓰는 것은 아니에요. 저는 시를 참으로 어렵게 씁니다.
    그렇게 만들어진 시는 나름대로 인생의 사계절을 거쳐 익은 열매라고 생각해요. 물론 제 시가 문학적으로 완성에 도달했다는 뜻은 아닙니다. 한 인간, 그리고 수도자로서의 삶을 진실하게 표현할 수 있도록 끊임없이 노력한다는 뜻이지요.
    시를 열매라고 생각하는 만큼, 열매를 위한 자양분을 모은다는 생각으로 일상 속 체험 하나하나에 주목하지요. 자연을 보고 느낀 아름다움은 물론이고 신앙, 우정, 사랑에 대한 것까지요.

    삶의 희로애락, 그 모든 순간에 시를 쓸 수 있고 그럴 때마다 위안을 얻을 수 있어요. 시가 꼭 교훈적이고 반성의 자료가 되지는 않지요. 제게 시는 그저 자연스럽고, 좋은 것입니다. 아침부터 저녁까지 흐르는, 소중한 삶의 노래이고 대화이며, 기도입니다.

    태양이 얼굴을 보이기 전
    하늘이 붉게 물들었는데
    벌써부터 마구 가슴이 뛰네

    바다 위로
    그 둥근 얼굴이
    크게 떠오르면
    나는 어떻게 첫인사를 할까

    시가 내 마음에 떠오르기 전
    내 마음을 휘감는
    그리움의 황홀한 빛깔로

천천히
엄숙하게 떠오르는 해

나는 오늘도
그 앞에서
살고 싶다 살고 싶다
기쁨의 첫 서원을 하네

「해 뜰 무렵」

멀리 있는 독자도
벗이 될 수 있다는 걸
알려주는 게
글이고 책이지요

· 6 ·

당신 앞에
책이 되는 순간

살다 보면 "내가 당신 앞에 책이 되는 순간"이 있어요. 그리고 책이 된 저의 마음을 꼼꼼히 읽고 알아봐준 독자의 반응은 그렇게 반가울 수가 없습니다. 어떤 독자는 "수녀님 글을 읽고 나니 착하게 살고 싶어집니다"라고 말하기도 하지요.

우리가 일상에서 잃어버리고 사는 맑고 선한 의지를 제 글을 읽고 되찾는 순간이 있다는 것이지요. 그 선함은 얼마나 그리운 것일까요. 독자들이 이런 글을 써서 보내주면 저 역시 감동스러워서 해인글방 한편에 붙여놓습니다. 서로에게 읽힌 것이지요.

해인글방은 온통 '착하고 맑게 살고 싶다'는 의지

들이 모인 곳이라고 생각합니다. 직접 다녀간 분들도 멀리에서 편지로 글을 읽은 소감을 보낸 분들도 '선함'에 대한 희망을 전달하는 것이니까요.

읽어주는 독자가 있어서 저도 제 마음을 표현합니다. 멀리 있는 독자도 벗이 될 수 있다는 걸 알려주는 게 글이고 책이지요. 동시대에 같은 나라에서 같은 언어로 글을 읽을 수 있으니, 우리는 서로 연결되어 있습니다. 다시 생각해보아도 동시대를 산다는 것은 귀한 선물이에요.

주위를 둘러보며 함께 산다는 것의 의미, 그리고 글을 통해 맺어지는 인연에 대해 거룩하고 뭉클한 마음을 갖습니다.

살다 보면
내가 당신 앞에
책이 되는 순간이 있어요

대충 넘기지 말고
꼼꼼히 읽어주세요

스치지만 말고
잠시 사랑으로
머물러주세요

그 무엇과도 바꿀 수 없는
한 권의 책인 내가
당신을 읽는다는 것도
기억해주세요

끝까지 다 읽어보지도 않고
나를 판단하진 말아주세요
제발 부탁입니다

어느 날
아름다운 우정이
우리 사이에 꽃으로 피어나는 기쁨을
기대할게요

「책이 되는 순간」

언니를 생각하면
달항아리가 떠오릅니다
언니는 제 마음속에서
수호천사처럼
살아 있어요

· 7 ·

사랑 애보다
어질 인이 좋아요

저보다 먼저 수녀가 된 언니하고는 열세 살 차이가 납니다. 언니의 이름은 이인숙. 제 예명이 해인이 된 것도 언니의 이름에 들어간 '어질 인仁'을 쓰고 싶었기 때문이었어요. 언니를 닮고 싶은 마음이 있었죠. 사람들은 이 '해인'이란 이름을 누가 지어주었냐고 묻는데, 제가 스스로 지은 이름이에요. '바다 해海'는 물론 광안리 바다를 보며 붙인 것이지요. 저는 '사랑 애愛'보다는 '어질 인'이 좋아요. 제 수도 생활에도 잘 맞는 것 같고요.

저의 언니는 저보다 10년 앞서 수녀가 되었어요. 언니가 참 예뻤던 것이 생각이 나요. 방학 때면 언니가 편지를 보내왔는데, 수도원 생활의 아름다움에 대해 늘 이야기했지요. 언니가 보기에 어린 시절의 제가 성격도 조금 예민하고, 어딘지 걱정이 되었나 봐요. 제가 이 세상을 잘 살아갈 수 있을까, 하는 걱정이었겠죠. 그런 언니의 걱정과 사랑이 제가 수도 생활을 잘 지탱할 수 있게 해준 동력이기도 했어요.

어릴 적에는 언니를 조금 원망하기도 했습니다. 대학교 1학년 때였던가요, 언니는 그렇게도 일찍 대학을 중퇴하고 수녀원으로 들어갔어요. 왜 그렇게 빨리 들어갔는지, 어머니와 저, 동생을 남겨두고 꼭 가야만 했는지, 그런 생각을 했어요. 엄격하고 강직한 성정을 지닌 언니를 보면서 어린 동생으로서 어떨 때는 조금 서운한 마음, 또 어떨 때는 동경의 마음이 들었지요.

이인숙, 나의 언니 데레사 말가리다 수녀님과 소설가 박완서 선생님이 만난 적이 있습니다. 언니는 가르멜회 봉쇄수도회에서 수도 생활을 했기에 외부와 왕래가 드물었어요. 박완서 선생님은 언니를 보고 정말 놀라더라고요. 얼굴이 너무 맑다고요. 동서양의 아름다움이 모두 있다며 선생님은 이렇게 언니 수녀를 글로 기록했지요. "천주교의 성모마리아와 불교의 보살님 얼굴을 반반씩 합한 얼굴이 있다면 그건 데레사 말가리다 수녀의 얼굴이다."

언니를 생각하면 달항아리가 떠오릅니다. 아니면 환한 보름달이요. 언니도 저처럼 작은 선물들을 모아서 남들 주는 걸 좋아했어요. 그러다 병세가 많이 악화되어가는 언니의 모습을 본 어느 날 참 눈물이 많이 흘렀습니다. 못 견디게 그리울 때도 있지만, 언니는 제 마음속에서 수호천사처럼 살아 있어요.

2017년에 돌아가셨는데, 언제나 보고 싶어요. 언니 수녀가 속해 있는 수도회 특성을 존중하여 묘지에 자주 가지는 못하지만 마음속으로 늘 기도하고 그리워합니다.

그 작은 아이가 했던 말이
이루어진 것 같아요
하느님이 정말 나를
작은 도구로 쓰셨구나

수십 년 전
작은 아이가 했던 말

언니의 소개로 성 베네딕도 수녀회를 알게 되었습니다. 저를 처음 면담했던 성 베네딕도 수녀회의 수녀님이 왜 수도자가 되고 싶은지 제게 물었던 순간이 기억납니다. 저는 이렇게 대답했어요. 많은 사람이 수도 생활의 아름다움에 대해 잘 모르기 때문에, 제가 좋은 글을 써서 그 아름다움을 증언하고 싶다고요.

그때로 다시 돌아간다면 다르게 대답했을 것 같아요. 더 거룩한 뜻에 이끌려 수도 생활을 택하게 되었다고 말했겠죠. 그때 제가 했던 대답에 대단히 깊은 뜻이 있었던 것도 아니고, 그저 앵무새처럼 묻는 말에 답한 것이라고 생각하면서도 수십 년이 지난 오늘날

돌이켜보면 그때 그 작은 아이가 했던 말이 어느 정도 이루어진 것 같아요. 하느님이 정말 나를 작은 도구로 쓰셨구나, 하는 생각이 들어요.

그리고 글을 통해서 수도 생활의 아름다움을 알리는 일에 꼭 저만 힘쓴 것은 아니에요. 아름다운 글을 쓰시는 다른 수녀님도 많으시죠. 그런 분들의 노력 또한 함께 모여서 그 증언이 이루어졌다고 생각합니다.

비어 있어
아무도 없지만
가득 차서
모두가 있다

생각하고
꿈을 꾸고
잠을 자고

글을 쓰고
그림 그리고

바느질하며

모두가
기도가 되는
나의 방은
조그마한 천국이다
여기서
내가 보낸 조그마한 일생은
행복했다고
살아서도 죽어서도
조용히 외치고 싶네

「나의 방」

자연은
괴로움과 투쟁이 없는
안온한 평화만을
가르치지 않습니다

9

큰 나무가 다 쓰러져도
작은 꽃들은 살아남아

쌀알만큼 작은 꽃들도 가만히 들여다보면 꽃잎, 꽃받침, 있을 건 다 있지요. 간밤에 태풍이 불어 큰 나무가 다 쓰러져도 작은 꽃들은 뽑히지 않고 살아남아 향기를 뿜습니다. 꽃이 향기롭기 위해 아픔을 겪어야 하는 것처럼 사람도 마찬가지 아닐까요.

저에게 늘 '감성' '소녀' 같은 말이 따라다닙니다만, 삶을 너무 모르는 것처럼 비추어지는 것은 아닌지 모르겠어요. 고운 향기 속에는 늘 아픔의 눈물이 들어 있다고 생각합니다. 그리고 그것이 제가 자연의 모습을 시에 담는 이유가 아닐까요. 자연은 괴로움과 투쟁이 없는 안온한 평화만을 가르치지 않습니다. 자신의 상황에 잘 적응할 줄 아는 지혜와 때를 알고 기다릴 줄 아는 인내, 그리고 질서를 파괴하지 않는 조화를 가르치지요.

    이런 것들을 배우고 싶어 사람들은 계절마다 자연을 좀 더 가까이 만나러 가는 것이 아닐까요. 봄에는 꽃과 나무를, 여름에는 산과 바다를, 가을에는 단풍을, 겨울에는 눈을 만나 자신의 내면을 충전하러 가는 것이지요.

내가 만든 작은 꽃밭에
아침마다 인사하러 가면

예쁜 꽃들이
손을 들고
시 낭송을 하겠단다

저요 저요
여기 있어요
우리도 있어요

나는 누구를 시킬지 몰라
그냥 그냥
웃으며 서 있는
행복한 사람

꽃향기에 어지러운
꽃선생님이다
시험도 숙제도 안 주는
맘씨 좋은 담임이다

「꽃밭에서」

'글뿐만 아니라
삶 자체가
하나의 시가 되게 하자'는
다짐을 합니다

· 10 ·
그때만 표현할 수 있는
노래가 있기에

　글을 쓰다 보면 나름의 방법론도 생기지만 진정한 의미의 완성품은 없다고 보고, 늘 부족함을 느끼는 게 사실입니다. 시나 글을 통해 좋은 말을 많이 하지만, 결국 '글뿐만 아니라 삶 자체가 하나의 시가 되게 하자'는 다짐을 하게 되죠.

　수년에 한 번 시집을 낼 때는 두렵고 떨리고 부끄러웠습니다. 시집을 출간할 때면 늘 그런 마음인 것 같아요. 아직 부족함이 많다는 것을 스스로도 알지만 그래도 일단 써놓은 것들을 정리하자는 뜻으로 엮어 내었지요.

　그리고 시를 처음 지었을 적에는 다시 들여다보

고는 하지만 일단 다 쓰고 나면 그리 자주 보지는 않는 편이에요. 어느 독자가 "이 시가 마음에 들어요" 하면 다시 찾아서 볼 때가 있지요.

시간이 흐르고 제가 쓴 시를 다시 읽으면 아주 새롭고 낯설게 느껴질 때도 있어요. 지나온 세월이 얼마인지에 따라, 또 어떤 체험을 했는지에 따라 시가 조금씩 다 달라지지요. '그때만 표현할 수 있는 노래'가 있기에 젊은 날에 쓴 것들을 지금 보면 다르게 느껴지는 것일 테지요.

사람들은 제게 시집을 통해 어떤 메시지를 전하고 싶으냐고 묻지만, 독자들에게 의도적으로 어떤 메시지를 전해야겠다는 생각은 하지 않습니다. 오히려 편안하게 독자들이 읽고 느꼈으면 좋겠어요. 하나의 선물처럼 자유롭게 열어두고 싶어요.

지금은 이메일이 흔하지만 아직도 제게는 독자의 친필 편지가 도착하기도 합니다. 선물처럼 열어두고 싶다는 마음이 정말 전달이 되었나 봐요. 독자의 편지는 다시 제게 선물이 됩니다. 무엇 하나 버리지 못합니다. 수십 년 전 편지부터 최근 받은 편지까지 해인글방에는 다 정리되어 있어요. 제가 세상을 떠나도 이 편지들은 그대로 세상에 남아 우리의 마음을 연결해 줄 거예요.

첫 시집 『민들레의 영토』를 출간하고 난 뒤 한 신부님으로부터 받은 엽서는 지금도 가끔 꺼내 읽습니다. "귀여운 이해인 수녀님, 우리 가톨릭 수녀 중에서 이만한 시인이 생겨났음을 무척 기쁘게 생각합니다. 겸손한 마음으로 더욱 정진하시기를 부탁합니다." 귀엽다라는 표현은 그때 첫 시집을 낸 제 나이를 생각하면 다시 들을 수 없는 인사말 같기도 합니다. 이렇게 귀한 엽서도 모아놓았기에 다시 읽고 감동할 수 있는 것이겠지요.

제 마음속
오래된 서랍에는
다녀간 사람의 사연과
이름이 남아 있습니다

· 11 ·

글방의 서랍 속에
차곡차곡

　수도 생활 60년을 하면서 이렇게 살다 보니, 모든 사람과 친구가 된다는 일이 정말 가능하구나, 하는 생각이 들어요. 종교와도 상관없어요. 종종 전시회나 강연 같은 행사를 가면 모르는 분들이 줄을 서서 저에게 명함을 주세요. 일이 끝나고 수녀원에 돌아오면 자기 전에 명함을 정리합니다.

　받을 당시에는 정신이 없지만 명함을 다시 보면서 얼굴을 하나하나 떠올려요. 그리고 그분들이 제게 건넸던 이야기도 다시 떠올리며 한 분 한 분을 위해 작게나마 기도를 올려요. 해인글방에 오는 분들이 적는 방명록도 있는데, 권수가 이제 40권이나 되었어요.

그 방명록을 복습하듯이 다시 읽어보기도 합니다.

내가 뭐라고 사람들이 이런 좋은 말들을 남겼을까, 생각할 때도 있어요. 그분들에게 어떤 선함에 대한 그리움, 진실하게 살고 싶다는 갈망이 있는 거죠. 그런데 제가 이름과 얼굴이 알려진 수녀이다 보니 저를 그런 소망의 중재자라고 여기는 것 같아요. 그래서 초면인데도 친밀감을 느끼고 다가오는 거죠. 그리고 저는 그런 이야기를 듣고 기도를 하고요.

해인글방에는 여러 택배 기사님들이 다녀갑니다. 어떤 분들은 호기심을 갖고 묻기도 하지요. "여기는 무엇을 하는 곳인가요?" 그렇게 물어오면 물 한잔 건네면서 간단히 대화를 나누기도 하지요.

그러다가 택배 기사 한 분과 친해지게 되었어요. 인상이 좋은 그 택배 기사분은 좀 무거운 택배를 문 앞에서 안으로 옮겨주기도 해서, 주고받는 말도 늘어나게 되었지요.

어느 날 조심스레 청을 하나 하더라고요. 가족들과 함께 일이 없는 날에 방문해도 되겠냐고요. 저는 당연히 괜찮다고 했지요. 날을 잡고 그 가족들이 해인글방을 찾았어요. 가족 중 장애를 가진 분이 있었는데, 그분이 삶의 어려움을 잘 헤쳐나갈 수 있도록, 지치지 않고 서로를 잘 보살필 수 있도록 함께 기도했어요. 가족을 만나고 나니 택배 기사님의 노고가 더 빛나 보이고 고맙더라고요.

수도 생활이 엄격한 편이니 시간을 자주 낼 수는 없으나 해인글방의 문턱은 확실히 낮습니다. 누구든 찾아와도 되는 곳이니까요.

해인글방에는 수많은 사람들이 남기고 간 마음들이 자리하고 있어요. 그들의 마음이 글방의 서랍 속에 차곡차곡 쌓여 있지요. 제 마음속 오래된 서랍에도 다녀간 사람의 사연과 이름이 남아 있습니다.

'국민 이모',
'국민 고모'라고
칭해주시는 것이 좋아요
이제는 정말
엄마 같은 마음이 들어요

· 12 ·

소망을 이어받아
기도하는 심부름꾼

　글방 안팎에서, 인연은 계속 쌓여갑니다. 오며 가며 만나 연을 맺게 되는 경우도 있지요. 어느 날 서울에서 친척을 만나고 돌아오는 길에 조카들이 택시 한 대를 불러주었어요. 한동안 함께 택시 안에 있어야 하니, 제가 먼저 상냥하게 인사를 건넸지요. 그 인사말에 마음이 편해진 택시 기사님은 자신이 불교 신자인데 최근에 바티칸을 다녀왔다면서 그 소감을 이야기하더라고요. 구수하게 이야기를 펼치는 그분에게 장난 삼아 "이해인 수녀라는 이름을 들어봤나요?" 하고 물었지요. 그랬더니 단박에 답이 돌아왔습니다. "아주 잘 알지요"라는 답이었어요. 제가 어떻게 다음 질문을 해야 하나 웃고 있는데, 이해인 수녀는 잘 알지만 뒷자리 승객이 이해인 수녀인지는 모르는 기사분이 계속 이야기를 이어가려는 겁니다. 그래서 얼른 고백했어요. "제가 이해인 수녀입니다." 이후에는 아주 흥미로운 일이 생겼어요. 놀란 기사분은 반가워하며 어찌할 줄을 모르더라고요. 그 인연으로 이후에도 몇 번 같은 택시를 호출했고, 그분은 제게 여러 어려운 일들을 털어놓기도 하고 불교 신자임에도 기도 요청을 하기도 했습니다. 세상의 힘든 일을 겪는 사람을 위해 응원하고 기도하는 것은 수도자로서 당연한 의무라고 생각하기에 소중한 인연을 위해 기도했습니다.

비슷하지만 또 다른 인연도 있었습니다. 어느 추석 연휴에, 배우 윤여정 씨와 함께 택시를 탔는데 여정 씨는 먼저 내리고 저는 목적지까지 더 가야 했습니다. 그 기사분은 말이 없는 편이었는데, 내리면서 제 시구가 적힌 엽서와 찹쌀떡 하나를 고마운 마음으로 전하면서 추석 인사를 했지요. 제 가방에는 항상 그런 작은 선물들이 준비되어 있거든요. 이후에 무슨 일이 일어났는지 아시나요. 기사분은 엽서를 보고 제 책이 궁금해져, 대형 서점에 들러 책을 사서 읽었다고 합니다. 그리고 해인글방으로 편지를 보냈더라고요. 자신을 기억하느냐며, 당시에는 유명한 배우와 수녀 한 분이 같이 계시다고만 생각했지 그 수녀가 이런 좋은 책을 내는 유명한 사람인지 몰랐다면서요. 그렇게 인연이 되어 다시 만난 그분은 사회복지사가 되어 사회에 봉사하는 게 꿈이라며 대학에 입학한 사실을 알렸고, 저는 입학을 축하하며 우리 사회를 위해 일해달라고 당부했습니다.

'국민 이모' '국민 고모'라고 칭해주시는 것도 좋아요. 이제는 나이도 들었고 정말 엄마 같은 마음이 들어요. 가족을 품어 안는 그런 느낌이랄까요. 레오 14세 교황이 즉위할 때도 서로 다른 사람들 사이에 '다리를 놓는 일'에 대해 이야기했어요. 저도 다리의 역할을 하고 싶다는 생각을 합니다. 사람들의 소망을 이어받아 기도하는 심부름꾼의 역할도요.

　　새들도 정원에서
　　조심스레 기도하는
　　수도원의 오후

오늘은 그대의 편지가
저를 감동시켜
기도하지 않을 수가 없어요
고운 카드에
정성껏 보내준 글을 보고
조금 울었답니다

지나온 30년 동안
내 부족한 글들이
삶의 어려운 순간마다
힘이 되었다고 하셨지요?

어디선가 만두 가게를
하고 계시다지요?

그대가 만두를 빚으며
또 하루를 시작하듯이

나도 시를 빚으며
하루를 시작할게요

먼 데서도 가까운 마음으로

서로를 위한

우정의 다리 놓으며

더 열심히 살아요, 우리

기쁜 만남을 준비해요, 우리

「어느 독자에게」

기도서를 따로
펼치지 않아도
한 송이의
그리움으로
설렘으로
기도의 꽃이 되는 나의 시간들

· 13 ·

넓어져라

깊어져라

순해져라

　요새는 계속 부탁받은 추천의 글을 쓰느라고 다른 사람들의 글들을 많이 읽었어요. 제 시를 쓸 시간은 점점 줄어들더군요. 그래도 마음속에 시심은 항상 품고 있어요. 문장으로 바로 엮지는 못하더라도 풍경을 바라보며 쓰고 싶다는 생각을 많이 합니다. 어느 날은 수녀원 복도를 지나가는데 유리창에 빗방울이 마구 매달린 모습을 보고 정말 아름답다고 생각했어요.

　매일 바라보는 광안리 바다, 자주 거니는 솔숲, 하늘의 별과 구름, 자주 듣는 새와 바람 소리, 또 저를 만나러 걸음한 손님들이 쏟아놓고 가는 웃음과 눈물과 이야기……. 이런 것들이 저의 시심을 자극합니다.

요즘은 취미로 하늘의 구름을 스마트폰으로 계속 찍어요. 제가 클라우디아 수녀잖아요. 매일매일 다른 모양의 흰 구름을 찍으면서 "넓어져라, 깊어져라, 순해져라" 이렇게 속으로 말하는 거죠.

또 묵상과 기도 중에 시의 영감을 떠올리는 경우도 많아요. 상황과 시간은 일정하지 않지만, 일상생활 속에서 겪는 체험에서 떠오르죠. 때로는 꿈길에서의 어떤 체험들도 시심을 자극하곤 합니다.

산에서 들려오는 새소리에
또 한 번의
아침을 맞이하고

날마다 모습을 달리하는
하늘의 흰구름을
바라보며
일터에 나갈
준비를 하고
기도서를 따로

펼치지 않아도

한 송이의

그리움으로

설렘으로

기도의 꽃이 되는 나의 시간들

어쩌다 힘든 일이 생기면

심호흡을 하며

저 푸른 바다와

수평선을 바라보는

늘 푸른 행복

넓어져라

깊어져라

순해져라

오늘도

마음의 중심을 잡기 위해

둥글어지기 위해

늘 가까이하는

산과 하늘과 바다를
선물이라 하기엔
모자라는 표현!

언제 어디서나
가장 아름다운
위로자로 치유자로
내 곁에 있네
커다란 새로움
커다란 놀라움으로
길을 열어주는
산 하늘 바다가 있어
무한대로 펼쳐지는
나의 행복이여

「행복일기」

 최근에 저의 마음속에 문장을 남긴 책이 몇 권 있지요. 『빈센트를 위해』는 반 고흐를 빛의 화가로 만든 여성에 대한 이야기예요. 반 고흐의 예술적 유산이 어떻게 세계적으로 알려지게 되었나 살펴보니 동생 테오의 아내인 요하나 반 고흐 봉어르의 끈질긴 노력이 있었다는 것입니다. 한 사람의 의지와 헌신을 통해 전 세계가 고흐의 그림을 사랑하게 되었다는 사실을 알고 나니, 우리 각자 한 사람의 역할과 힘이 얼마나 소중한가를 깨달았어요.

지난 서울 출장 때 반 고흐 전시를 관람했는데, 왜인지 눈물이 났습니다. 한 예술가의 빛이 먼 나라의 관람객 한 명에게 강렬하게 비추고 있다는 생각이 들었지요. 그 경험 때문에 이 책이 더욱 각별하게 읽혔나 봅니다.

두산그룹 박용만 전 회장의 『지금이 쌓여서 피어나는 인생』도 침대 머리맡에 두고 펼쳐 읽는 책입니다. 가톨릭 신자로서 신의와 성실로 직접 요리하며 봉사하는 모습도 보기 좋지만 인생에 대한 단상들이 마음에 와닿았습니다.

엄유진 작가가 쓰고 그린 『순간을 달리는 할머니』도 읽고 감동을 받았습니다. 저자에게 팬레터를 보내고 싶어질 정도였어요. 책 속에서 기억을 잃어가는, 알츠하이머 진단을 받은 어머니 캐릭터는 웃음을 잃지 않고 흔들림 없이 삶을 지켜나갑니다. 아픔에 대한 이야기를 유쾌하고 명랑하게 그려내어 은은한 감동을 주었지요.

책을 끊임없이 읽으면서 저 자신에게 또 말합니다. "넓어져라, 깊어져라, 순해져라."

'편백나무 열매로
베개를 하나 만들었습니다
서툰 바느질 솜씨라 볼품은 없지만
한 알 한 알에 기도를 넣었어요'

나의 건강을 기원하며
미지의 독자가 두고 간
베개를 베고

나는 밤마다
편백나무 숲을 거니는
꿈을 꾸네

들꽃 몇 송이 수놓인

하얀 무명베개 위로

시간이 흐르고

기도가 흐르고

내 마음속엔

향기 가득한

시가 고이네

「베개를 받고」

욕심과 이기심을 버리고
아주 조금만
마음의 방향을 틀어
남을 이해하고
배려할 수 있다면

· 14 ·
먼지 묻은 신발을
깨끗이 닦아주는 마음으로

　우리가 제일 처음 진실하고 구체적인 사랑을 배우는 '사랑의 학교'는 가정 공동체인데 요즘은 가족들끼리도 각자의 삶이 너무 바빠서, 또는 무관심 때문에 서로 사랑할 시간이 많지 않은 것 같아 안타깝습니다.

　가정뿐만이 아니라 더 큰 공동체 안에서도 서로 사랑하는 모습을 찾기가 힘들지요. 우리 각자가 나만 먼저 생각하는 욕심과 이기심을 버리고 아주 조금만 마음의 방향을 틀어 남을 이해하고 배려할 수 있다면, 더 나아가 돕는 행위까지 할 수 있다면 세상은 훨씬 더 살 만한 곳이 될 것이라 확신한답니다.

　오늘날 지구촌을 위협하는 전쟁과 테러도 사실은

'나만 옳다'는 무서운 독선과 탐욕, 이기심이 빚어낸 결과라고 볼 수 있겠지요.

한편으로 '사랑'은 너무 흔하게 사용하기에 저는 사랑이나 봉사라는 말보다는 '애덕'이란 말을 더 좋아합니다. 세상이 끝나는 순간까지 우리에게 가장 필요한 덕목은 남을 조금 더 배려할 줄 아는 애덕과 스스로를 낮추는 겸손이라고 봅니다. 이 시대엔 개성과 자신감을 강조하다 보니 그런지 겸손의 덕이 많이 부족한 것 같아요.

종교인들이야말로 물 같은 겸손함으로 자신을 갈고닦으며 본을 보여주어야겠지요. 남을 가르치고 설교하기 전에 먼저 자신의 삶으로 거울이 되어야 하는데, 배타적인 자기만족과 독선에 빠져 있는 모습을 보게 될 때도 있어요. 그렇게 되면 다른 이들을 위한 디딤돌이 되기보다는 오히려 걸림돌이 되겠죠.

함께 사는 일이 아름답고 평화롭기 위해서는 서로 간의 인내가 필요할 테죠. 다른 이의 먼지 묻은 신발을 깨끗이 닦아주는 마음으로 상대의 약점을 참아주는 노력이 필요합니다. 다른 사람의 입장을 헤아릴 줄 알아야 한다는 뜻으로 사용하는 "신발을 바꾸어 신어보자"는 말도 종종 기억하면서, 맘에 안 드는 부분이 있더라도 서로서로 너그럽게 감내하면 좋겠죠. 그렇게 덕을 조금씩 쌓으면서 삶의 순례를 계속하는 행복한 사람들이 되면 좋겠습니다.

 오늘 하루도
 지혜 한 톨 주십사고
 기도드립니다

 무엇을 보고 들어야 할지
 어떻게 행동해야 할지
 잘 모를 때가 많습니다

 부끄러운 고백이지만
 진리의 길에서도
 헤맬 적이 많습니다

 하얀 눈꽃을 닮은
 지혜 한 톨 받아
 열심히 가꾸고 키우다 보면

마음의 눈이 밝아질까요

남에게 슬픔을 안기지 않는
따뜻하고도 지혜로운 사람이
진정 될 수 있는 걸까요

「지혜를 구하는 기도」

*

"이러면 안 되는데!" 늘 이렇게 말하다가
한 생애가 끝나는 것은 아닐까
그런 생각을 자주 해요

하느님과의 수직적인 관계
이웃과의 수평적인 관계
나 자신과의 곡선의 관계
시원하고 투명하길 바라지만
살아갈수록 메마르고 복잡하고
그래서 부끄러워요

좀 더 높이 비상할 순 없는지

좀 더 넓게 트일 수는 없는지

좀 더 밝게 웃을 수는 없는지

나는 스스로 답답하여

자주 한숨 쉬고

남몰래 운답니다.

그러나 이 또한

기도의 일부로 받아들여주신다면

부끄러운 중에도

조금은 위로가 될 것 같다고

'내 탓이오. 내 탓이오…'

가슴을 치는 이 시간은

눈물 속에도 행복하다고

바람 속에 홀로 서서

하늘을 봅니다

「부끄러운 고백」

기도하며
마음만은
슬픈 이들을 향해 있습니다

· 15 ·

의식적으로
깨어 있기

"인내해야 한다"고 이야기하면, "언제까지 참아야 하나요?" 하고 묻는 젊은이들도 있어요. 사회의 많은 문제를 해결하기 위해 각자 무엇을 할 수 있을지 고민하고, 또 행동하는 것은 중요하죠. 인내한다는 것은 눈감고 있는 것만은 아닙니다.

수도자들도 가만히 보고만 있지는 않아요. 다만 종교라는 커다란 공동체 안에서 표현하는 온건한 의견만이 바깥으로 보이는 거죠. 그럴 때 저는 순교자들에 대해 생각합니다. 변화를 위해 목숨까지 바쳤던 사람들을요.

제가 생각하는 최고의 사랑은 모르는 이웃을 위

해 목숨을 바치는 것입니다. 20여 년 전 일본 지하철에서 추락한 사람을 구하기 위해 맨몸으로 뛰어든 이수현이라는 청년처럼요.

저는 매일을 수녀원 안에서 수도자로서 살아가기도 하지만, 투쟁하는 사람들, 기꺼이 자신의 목숨까지 내어서 세상을 변화시키고자 하는 사람들을 조용히 응원해왔어요. 작은 편지글일지라도, 힘들게 투쟁하는 이들을 걱정하고 다독이는 말들을 전하고는 합니다.

가톨릭에서는 '의식적으로 깨어 있기'를 중요시합니다. 한 달에 한 번 제 죄를 고백할 때, "나 클라우디아 수녀는 깨어 있지 못했다"라고 말합니다. 저 같은 수도자들은 관념적인 삶을 살기가 쉬우니까요.

매일 아침 지역신문을 포함해 네 가지 다른 신문을 봅니다. 동시대를 살고 있는 사람들이 어떤 생각을 하고 있는지, 세상이 어떻게 돌아가고 있는지 알아야 한다고 생각해서죠. 그리고 그런 것들을 알아야 기도 역시 추상적이지 않고 구체적으로 할 수 있어요. 비록 제가 사람들 앞에 나서서 해결을 해주는 사람은 아니지만, 기도하며 마음만은 슬프고 힘든 이들을 향해 있습니다.

미움과 전쟁으로 얼룩진

슬픈 세상을 봅니다

무서운 태풍이 할퀴고 간

슬픈 들판을 봅니다

꿈과 기대가 무너져

폐허가 된 마음들을 봅니다

사는 게 힘들수록 원망이 앞서고

한숨만 늘어가는 우리에게 요즘은

오히려 눈물만이 기도입니다

끊이지 않는 근심 속에 할 말을 잊은

우리에게 조금의 희망을 주십시오

서로 먼저 위로하고 받쳐주는

사랑이 있어야만 슬픔이 줄어들고

기도 또한 살아 있는 것임을

다시 한번 깨닫게 해주십시오

「슬픈 기도 1」

수도자는 조용한 듯 세상과 연결되어 있습니다. 어려운 가운데 꿈을 잃지 않은 사람들과 함께 작은 빛을 내고 살아갑니다. 빛을 내려면 깨어 있어야 하겠지요.

제가 사람들에게 편지를 쓰거나 작은 선물을 준비할 때 생각하는 건 가장 먼저 도움이 필요한 사람이 누구냐는 것입니다. 제일 힘든 상황에 놓인 사람들, 소외받는 사람들이 가장 먼저 마음을 전할 대상입니다. 그런 사람들이 수도자의 눈에는 잘 들어옵니다. 조금이라도 손길을 내밀면 위로가 될 수 있다는 것을 경험으로 잘 알고 있지요. 하느님의 뜻을 담아서 행동하는 것이 깨어 있는 의미라고 생각하니까요.

노동운동을 하며 고공 크레인 위에서 인권을 외쳤던 김진숙 위원장이 얼마 전에 해인글방에 왔었습니다. 작은 몸에서 큰 힘을 냈던 사람의 모습에서 빛을 보았습니다. 방명록에 힘찬 글씨로 이렇게 적더군요.

"존재만으로 위안이 되고 등불이 되고 따스함이 되는 분이 계셔서 참 좋습니다. 고공에서 600일을 외롭게 버텼던 박정혜 여성 노동자에게도 힘을 주셔서 고맙습니다."

제가 소중하게 간직하는 이 방명록의 문장을 다시 읽으며 세상 속에서 수도자가 할 일을 생각합니다.

사소한 것에서
애정을 느낄 수 있는 좋은 방법은
'나에게 주어진 시간이
지금밖엔 없다'고 가정하는 것이죠

· 16 ·
내가 아니면 누가,
지금 아니면 언제

　내가 아니면 누가, 지금 아니면 언제? 하는 마음으로 살고 싶습니다. '하고 싶은 것'과 '해야 할 것'을 잘 분별하는 지혜를 구하면서 하루를 시작하곤 하지요.

　한번 지나간 시간은 두 번 다시 돌아오지 않는다는 것을 명심하고, 매일 새롭게 오는 시간을 새로운 선물로 고맙게 맞이하며 알뜰히 사용하려고 합니다.

　저는 거창한 것이 아니라 사소한 것에서 행복을 찾습니다. 바다에 나갈 때 주운 조개껍질을 쉽게 버리지 않습니다. 정성스럽게 닦고 말려서 그림을 그리고 시구나 좋은 말을 몇 자 적습니다. 만나는 사람에게

이 조개껍질 작품을 하나 고르라고 하면 모두 행복한 표정이 되곤 합니다. 한 개만 고르기 아쉽다고들 말하죠. 그 흔한 조개껍질이 행복의 원천이 되어준다는 것이 놀랍습니다. 매일의 평범한 일들도 비범한 사랑의 지향으로 해내면 조금씩 기쁨과 행복을 쌓아나갈 수 있지요.

사소한 것에서 애정을 느낄 수 있는 좋은 방법 중 하나는 '나에게 주어진 시간이 지금밖엔 없다'고 가정하는 것입니다. 그렇게 생각하며 세상의 것들을 대하면 좀 더 예민하게 깨어서 감사하고 기뻐할 수 있다고 봅니다. 일기를 쓰면서 사색의 뜰을 깊고 넓게 가꾸어 가는 것도 좋은 방법이지요.

선을 위한 성실함, 우리의 '아름다운 의무'인 사랑의 일, 그리고 자신이 마땅히 해야 할 일을 다하는 데서 맺어지는 보람과 마음의 평화에 행복이 있다고 생각해요.

오늘은
나에게 펼쳐진
한 권의 책

두 번 다신 오지 않을

오늘 이 시간 속의

하느님과 이웃이

자연과 사물이

내게 말을 걸어오네

시로 수필로

소설로 동화로

빛나는 새 얼굴의

첫 페이지를 열며

읽어달라 재촉하네

때로는

내가 해독할 수 없는

사랑의 암호를

사랑으로 연구하여

풀어 읽으라 하네

아무 일 없이

편안하길 바라지만

풀 수 없는 숙제가 많아

삶은 나를 더욱

설레게 하고

고마움과 놀라움에

눈뜨게 하고

힘들어도

아름답다

살 만하다

고백하게 하네

어제와 내일 사이

오늘이란 선물에

숨어 있는 행복!

「오늘의 행복」

    수녀원 안에서도 서로 사랑하려고 노력합니다. 간혹 막연하게 상상하는 사람도 있지요. 여성들이 모여 있으니 아무리 수도자라고 하여도 질투하고 분쟁

하는 일이 있을 거라고요. 그러면 저는 웃으면서 그렇지 않다고 단호하게 말합니다. 이곳이 좋지 않았다면, 내가 지금 행복을 이야기할 수 있겠느냐고요. 60년 세월을 이 수녀원에서 매일 살았는데, 행복지 않았다면 이런 글을 쓸 수 있었을까요? 서로를 배려하는 훈련과 온유한 마음을 갖기 위해 노력하는 수도자들이 모여 살고 있으니, 이 순간은 더 바랄 게 없습니다. 평범한 삶을 살지 않아서 누리는 또 다른 행복이 있습니다.

· 17 ·

깨끗한 말, 따뜻한 말
겸허한 말, 진실한 말

　시를 쓰는 사람으로서도, 수도자의 신분으로서도 저는 각별히 고운 말을 쓰도록 노력한답니다. 속이 비어 있는 은어, 극단적이고 부정적인 말, 농담이라도 가시가 들어간 말들은 피하려고 하지요.

　요즘 우리 말이 너무 강해졌다고 느낍니다. 정치인들의 말들도 그렇고요. 수녀님, 신부님 들조차도 말을 거칠게 하실 때가 있지요. 인터넷 문화가 발달하면서 사람들이 너무 성급해졌기 때문일까요?

　"오늘은 어제 내가 사용한 말의 결실이고, 내일은 내가 오늘 사용한 말의 열매이다"라는 말이 있죠. 성숙한 사람이 되어야 해요. 말을 분별없이 막 하게 되면 자신의 인격이 깎인다는 것을 알아야 합니다.

그래서 사람들 앞에서 이야기할 때도 자연히 언어에 대한 말을 많이 하게 되는데 깨끗한 말, 따뜻한 말, 겸허한 말, 진실한 말을 하도록 노력하자고 말하곤 합니다.

선한 것, 진실한 것, 아름다운 것을 사랑하는 마음은 하느님이 우리에게 주신 가장 소중한 선물입니다. 때로는 마음과 달리 원치 않는 잘못도 많이 하지만 근본적으로는 모두 맑고 곱고 착한 것을 좋아하고 또 갈망하는 마음을 지니고 있는 것을 볼 수 있습니다.

사람들이 많이 모인 자리에서는 잘 알지 못하면서 타인에 대해 이르게 속단하기가 쉽지요. 사랑의 말과 행동은 빨리 하되 판단의 말과 행동은 늦게 할수록 좋은 것 같아요. 저도 그렇게 하려고 노력합니다.

싫어
하고 네가
누군가에게 말하는 순간은
나도 네가 싫다

미워
하고 네가
누군가에게 말하는 순간은
나도 네가 밉다

절대로 용서 못해
하고 누군가에게
네가 말하는 순간은
나도 너를 용서할 수가 없다

우리를 아프고
병들게 하는 그런 말
습관적으로 자주
하는 게 아니었어

내가 아프고 병들어보니
제일 후회되는 그런 말
우리 다신 하지 말자
고운 말만 하는데도
시간이 모자라잖니

화가 나도 이왕이면

고운 말로 사랑하는 법을

우리 다시 배우자

「어떤 고백」

*

말을 전혀 안 해도

따스한 사랑의 향기가

전해지는 사람이 있고

사랑의 말을 많이 해도

사랑과는 거리가 먼 냉랭함이

전해지는 사람이 있지

말과 침묵이

균형을 이루려면

얼마나 오래

덕을 닦아야 할지

침묵을 잘 지킨다고

너무 빨리 감탄할 일도 아니고

말을 잘한다고

너무 많이 감탄할 일도 아닌 것 같아

판단은 보류하고

그냥 깊이 생각해보자

사랑 있음과 사랑 없음의

그 미묘한 차이를

「말과 침묵」

인간이 진실로
신을 사랑하다 보면
절로 시인이
되지 않을 수가 없죠

· 18 ·
절로 시인이
되지 않을 수가

    성스러움이란 일상의 삶과 동떨어져 있지 않다고 생각합니다. 종교를 지배하는 가장 큰 힘은 차별 없이 모든 이를 끌어안고 사랑하는 것에 있지요.

    그 누구에게도 배타적이지 않은 너그러움과 이해심, 열려 있는 따뜻함을 늘 지키려고 해요. 가톨릭catholic이란 말에는 원래 보편적이란 뜻이 있어요. 저도 항상 이러한 정신을 생활 안에서 실천하려고 노력합니다. 그러다 보면 다른 사람들에게도 열린 마음을 갖게 되죠.

    시를 쓰는 것 또한 수도의 한 방법이라고 생각합니다. 시와 수도 생활을 따로 떼어 생각하기가 힘들지요. 시와 수도 생활 중 하나를 선택하라면 저는 수도 생활을 택하겠지만요.

　인류사, 종교사 안에서도 나타나듯 인간이 진실로 신을 사랑하다 보면 절로 시인이 되지 않을 수가 없죠. 성서의 시편도 그러하고, 이슬람교의 신비 시인 루미, 힌두 시인 타고르……. 이들의 시는 얼마나 아름다운지 모릅니다.
　타고르의 『기탄잘리』를 읽을 때면 제 좁은 마음이 넓어지고 내면이 환해지며, 영혼이 한껏 고양되는 기분이 들었습니다. 인류사에 길이 시성詩聖으로 남을 만한 위대한 시인이 영혼으로 토해낸 기도 시들이지요. 그 시들을 읽으면 제 안에도 아름다운 봉헌의 촛불이 펄럭이고, 순결한 꽃향기가 가득해짐을 느낍니다. 제가 수도 생활을 택하는 데 큰 영향을 준 책이기도 하죠.

　손님 아닌 주인으로 당신을 맞을 마음의 방에
　어서 불을 켜게 하소서.
　돌처럼 딱딱한 마음 대신

아기의 살결처럼 부드러운 마음으로 당신을 보게 하시고

욕심으로 번쩍이는 어른 옷 대신

티 없이 천진한 아기 옷을 입고 기도하게 하소서.

그리하여 저주의 말은 찬미의 말로 바꾸고

불평의 말은 감사의 말로 바꾸게 하소서.

절망은 희망으로 일어서고

분열은 일치와 평화의 옷을 입으며

하찮고 진부하게 느껴지던 일상사가

아름답고 새로운 노래로 피어나게 하소서.

「구유 앞에서」

내 안의 마음은
누가 만들어주는 것이 아닌
내가 만들어야 하는 것

· 19 ·

내 안의 마음은
내가 만들어야 하는 것

오래전이지만, 대학원 종교학과를 다닐 때 했었던 공부들이 마음에 남습니다. 성경 공부도 좋았지만 논어를 읽는 게 도움이 많이 되었어요. 나이가 들면 들수록 인간으로서의 마음가짐인 논어의 수기안인修己安人이 마음에 와닿더라고요.

저는 다양한 사람들을 많이 만나왔지요. 사람들을 많이 만날수록 마음공부의 중요성을 깨닫게 돼요. 자신을 객관적으로 들여다보는 일의 중요성을요. 내 안의 마음은 누가 만들어주는 것이 아닌 내가 만들어야 하는 것, 스스로 수양해야 한다는 의미를 논어를 읽으며 되새길 수 있었어요.

마음은 언제나 흔들립니다. 그럴수록 흔들리는 나의 마음을 잘 들여다보아야 해요. 나의 마음을 잘 다스리다 보면 타인과 맺는 관계도 개선될 확률이 높죠.

내 마음을 순간순간마다 선하고 순하게 길들이며 나를 위해, 또 남을 위해 착해지는 마음을 가졌으면 좋겠습니다. 하루하루를 내 생의 마지막 날이라 생각하면서 새로 맞는 일상의 시간들에 감동하고 감사하면 마음이 싱싱해지는 느낌을 갖게 될 것이라고 생각해요.

몸이 아플 땐
먹는 약도 있고
바르는 약도 있는데

마음이 아플 땐
응급실에 갈 수도 없고
기도밖엔 약이 없네

누구를 원망하면

상처가 된다는 것을 알기에

가만히 가만히

내가 나를 다독이며

기다리다 보면

조금씩 치유가 되지

슬그머니 아픔이 사라지지

세월이 나에게 준

선물임을

다시 기뻐하면서

「마음이 아플 때」

왠지 힘들고
의기소침해질 때면
장독대 앞에 서서,
어둠 속에 익어가는 것들의
냄새를 맡으며
두 손 모아 기도합니다

· 20 ·

제맛을 낼 때까지
인내 속에서

　수녀원에 새로운 식구들이 들어올 때가 있지요. 입회를 몹시 반대하던 지원자의 가족들이 수녀원에 와서 여기저기 둘러보다가 유독 장독대 앞에 서면 경직된 표정을 풀고 슬그머니 미소 짓는 것을 여러 번 봤습니다. 아마도 사람 냄새, 삶의 냄새가 밴 것을 눈으로 직접 보게 되어서겠죠.

　우리 집 장독대는 식당과 성당 사이에 있는데 저는 자주 항아리들 앞에서 하늘을 보며 생각에 잠기곤 합니다. 제맛을 낼 때까지 인내 속에 기다리고 또 기다리는 수도 생활의 참맛을 항아리 속 간장, 된장, 고추장이 제게 일러주었거든요.

항암 치료 후에 저는 부쩍 고추장 애호가가 되었어요. 발효된 지 오래된 간장, 된장도 친지들이 자주 보내줍니다. 오래 발효된 음식을 양념으로 먹으면 왠지 제가 좀 더 성숙하게 익어가는 것 같은 느낌이 들어요. 늘 새로운 설렘 속의 이 느낌을 사랑합니다.

살다가 왠지 힘들고 의기소침해질 때면 장독대 앞에 서서, 어둠 속에 익어가는 것들의 냄새를 맡으며 두 손 모아 기도합니다. 백 개도 넘는 크고 작은 항아리들의 이야기를 혼자만 듣고 기뻐하긴 아까워 가만히 이웃을 초대하고 싶은 마음이 들지요.

수녀원의 식탁은 정갈하고 단순합니다. 몇 개의 반찬이 놓이는데, 식사를 담당하는 수녀들이 직접 장독에서 음식 기본 재료를 공수하지요. 간혹 수녀원 객실에 초대된 손님들이 수녀들이 먹는 음식과 똑같은 음식을 먹을 때가 있어요. 그럴 때면 하나같이 같은 말을 하지요. "수녀원 음식은 왜 이렇게 맛있습니까? 양념을 별로 안 한 것 같은데 깊은 맛이 나고 많이 먹게 됩니다"라고요. 거기에 대해 제가 그리 답을 자세히 할 수는 없겠지만 장독의 힘이 크다고 생각합니다.

120여 명의 수녀들의 식탁 메뉴를 책임지는 영양사 수녀는 몸에 좋은 영양소를 골고루 섭취할 수 있도록 매주 식단을 짭니다. 식사도 수도 생활의 중요한 부분이니까요.

노년에 접어든 수도자들도 예외가 없습니다. 투병 중인 수도자들을 제외하고는 공동 식탁에서 똑같이 식사합니다. 삶이 아파도 마음이 무거워도 정성스럽게 차려진 식탁에서 식사를 하고 나면 힘을 얻습니다. 단순히 음식을 먹는 행위을 넘어서는 일이니까요. 일상의 순례가 시작되는 자리이기도 합니다.

금요일 아침마다 수녀원에서는 짧은 단식을 합니다. 한 끼를 굶는 일은 배고픈 이들과 함께하고자 하는 상징적인 행동이지요. 다만 약을 먹어야 하는 수도자들에게는 소량의 밥과 국을 제공한답니다.

수녀원 식사 시간은 낭독이 곁들어집니다. 수녀 한 명이 마이크를 들고 책을 읽지요. 아침에는 독서자의 낭독 속에서 침묵한 채 식사를 합니다. 점심과 저녁에는 전례典禮에 따라 필요한 대화를 나누죠.

독서자가 큰 소리로

책 읽는 소리를 들으며
밥을 먹는데

식탁 위에 반찬도
숟가락 젓가락도
나보다 먼저 엎디어
기도를 바치고 있네

침묵 속에 감사하며
엄숙하게 먹는 밥도
수십 년 되었건만

나는 왜 좀 더
거룩해지지 못할까
밥에게도 미안하네

멀리 바다가 보이고
창가에선
고운 새가 노래하고

나는 환히 웃으며

일상의 순례를 시작하네

「수도원의 아침 식탁」

눈물이 진주가 되는
보이지 않는 그 과정을,
시의 행간을 읽듯
읽어내주어서

· 21 ·
남몰래 흘린 눈물이
진주가 되어

    요즘은 종종 이런 이야기를 하는 독자들도 있어요. 제가 첫 시집을 발표하고 이름이 알려진 수도자로 산 세월도 오래되었으니까, 유명세도 타고 많은 사람들을 만나면서 유혹에 빠질 기회가 있었을 텐데 참 장하다고요.

    어떤 사람들은 나이가 들면서 사람들로부터 잊히기도 하고 독자도 줄어드는데 저는 독자가 점점 늘어난다고 말하는 분들도 있어요. 그런 얘기를 들으면 전 이렇게 말합니다. 저는 환자로서 투병을 해오고 있고, 그래서 제가 남몰래 흘린 눈물이 진주가 되는 그 과정을 독자들이 알아봐주고 있다고요.

눈물이 진주가 되는 보이지 않는 그 과정을, 독자들이 시의 행간을 읽듯 읽어내주어서 계속 저의 글이 읽히고 사람들에게 닿는 것이 아닐까 생각합니다.

아플 땐 아프다고
신음도 하고
슬프면 눈물도 많이
흘리는 게 좋다고
벗들이 나에게 말해주지만
진정 소리 내는 것이 좋은 것인가
나는 나의 아픔과 슬픔에게
넌지시 물어보았지
그들은 내게 딱 부러지게
대답은 안 했지만
침묵을 좋아하는 눈빛이기에
나는 그냥
가만히 있기로 했지
끝내 참기로 했지.

「병상 일기 2」

병상에 있으면 참는 순간이 많습니다. 아프고 슬픈 것도 제 삶의 부분이라고 생각하는 훈련을 수도 생활 덕분에 해낸 것 같습니다. 아픔도 수도 생활의 세월이 만들어준 선물이라고 여긴다면, 병상의 모든 사람들이 가족 같고 친구 같습니다.

병상에서 잘 참았기에 일상생활로 돌아오면 더욱 기쁘게 살 수 있습니다. 아픈 사연을 보내온 독자에게는 이전보다 더욱 마음이 가지요.

아픈 이후로, 길가에서 사람들이 알아보고 말을 걸어올 때가 있어요. 처음 만난 제게 자신의 아픈 가족 이야기를 꺼내거나 힘든 상황을 고백하기도 합니다. 수도자에게는 눈물을 보여도 그 아픔을 안아줄 거라는 믿음이 있어서겠지요. 실제로 저는 그 눈물을 기억하려고 합니다. 눈물이 진주가 될 날을 희망하면서요.

겸손한 마음으로
사랑하며 살아가는 것만이
우리가 주고받을 수 있는
진정한 위로가 아닐는지요

· 22 ·
아픔도 이제는 친구

한 독자가 "항암 치료가 무서워서 안 받겠다던 어머니가 수녀님 시를 읽고 치료받기로 마음을 바꿨다"고 편지를 보내왔어요. 암 투병에 대해 쓴 저의 시를 읽었던 거죠. 그때 알았습니다. 병도 축복의 기회로 삼을 수 있구나. 내가 아직도 사람들을 위해 할 수 있는 일이 많구나.

사람들이 저의 병세와 암 치료에 대해서 물어오곤 합니다. 지금은 병원에 자주 다니지는 않고 정기적으로 검진을 받으면서 지내고 있어요. 소소한 병증 때문에 아픔을 느낄 때도 있죠. 그럴 때마다 내가 살아 있기 때문에 아픔을 느끼는 거라고 생각합니다. 그리고 저보다 더 아픈 사람을 위해서 참으려고 노력합니다. 아픔도 계속 겪다 보니, 이제는 마주할 준비가 다 되어 있는 것 같아요. 그래서 저는 이렇게 혼자서 말합니다. "아픔이여 오라." 아픔도 이제는 친구 같아요. 생각해보면, 여러 가슴 아픈 일에 눈물을 흘린 적은 있어도 몸이 아픈 것 때문에 운 적은 없어요. 자랑할 만하죠?

저에게는 지금이 소중하니까, 병과 친해지겠다는 생각을 합니다. 병에 시달리고 울지 않고 지금 이 순간에 누릴 수 있고 바칠 수 있는 기도를 소홀히 하지 않으려고 합니다.

죽음에 대해서도 언제나 성찰합니다. 스티브 잡스가 이렇게 말하기도 했죠. 내 미래의 죽음을 생각하면, 지금 내가 해야 할 일들 중 본질적인 것과 비본질적인 것이 잘 정리가 된다고요. 이 말에 대해서 자주 생각합니다.

아픈 이는 건강한 이들에게, 또 건강한 이들은 아픈 이들에게, 서로를 온전히 헤아리지 못하는 한계를 받아들이며 조금은 미안한 마음, 겸손한 마음으로 사랑하며 살아가는 것만이 우리가 주고받을 수 있는 진정한 위로가 아닐는지요. 진심이 담긴 한마디의 말, 쾌유를 비는 간절한 눈빛, 대신 아파주지 못하는 안타까움을 표현하는 것만으로도 작은 위로가 될 것입니다.

    환자가 된 어느 날부터는
    맥박 호흡 체온 혈압이
    정상으로 나오는 걸
    새롭게 자축하기로 했다

    병원에서는
    당연한 것이
    당연한 것이 아님을
    새롭게 배우게 되지

    아무 일도 일어나지 않고
    하루를 보내는 것이
    얼마나 놀랍고
    멋진 행복임을
    누가 말 안 해도

스스로 깨닫게 되지

두 손 모아
아주 간절히 감사하고
기도하는 법을
배우게 되지

「병원에서」

*

"수녀님 글쎄 죽음에 대한 생각은
너무 많이 하지 말고 적당히 하시라니까요"

내 주치의가 웃으며 말을 한다

어디가 아프면
아픈 것이 해결될 때까진
늘 불안하고
기도도 안 된다고 푸념하니

"수녀님 그것은 환자로서
지극히 당연한 일이니까
참을성 없다고 너무 자책하지 말고
그것 땜에 걱정하지 마시라니까요"

그 말에 나는 큰 위로를 받고
활짝 웃었다
갑자기 편해졌다

「의사의 위로」

삶의 끝을 앞두게 되면
그렇게 말하고 싶어요
모든 것이 좋았다고
모든 것에 감사했다고

· 23 ·

모든 것이 좋았다고
모든 것에 감사했다고

    100세 시대라고 하죠. 제가 벌써 80세인데 100세까지 산다면 20년밖에 남지 않았죠. 그러다 보니 "잘 죽는다는 건 무엇일까?"라는 질문도 이제는 하게 됩니다.

    선종 준비를 위독할 때 침대에서 하는 게 아니라 지금 이 순간부터 잘 죽는 준비를 해야 된다는 생각이 들어요. 화내고 싶을 때 한 번 참는 것, 그것을 작은 죽음이라고 한다면 그 작은 죽음부터 연습해야겠죠. 그렇게 해야 진짜 큰 죽음이 왔을 때 잘 죽을 수 있을 것이라는 그런 생각을 합니다.

    나이가 들수록 기도도 점점 단순해지는 것 같아

요. 아침에 일어나면 "또 하루 살았습니다. 모든 것에 감사합니다" 하고, 밤이 되면 "또 하루 살아냈군요. 모든 것에 감사했습니다"라고 기도하죠. 감사합니다, 감사했습니다. 이 두 마디로 요약되는 하루를 살고 싶어요.

이태석 신부님이 선종하시기 전에 "Everything is good", 모든 것이 좋았다고 말씀하셨죠. 저도 삶의 끝을 앞두게 되면 그렇게 말하고 싶어요. 모든 것이 좋았다고. 모든 것에 감사했다고.

내 귀는 열려 있으나
지금은 다른 세계의 말을 듣고 있어요
그러니 제발 큰 소리로 날 부르지 말고
좀 조용히 해주셔요

내가 눈을 뜨고 있으나
이 세상 떠나기 전
그동안의 삶을 돌아보느라
수렴하는 나에게
제발 이쪽을 바라보라고

자꾸만 재촉하지 마셔요

어느 때보다 애절하게

외쳐대는 그대들의

사랑의 고백도

참회의 말도

마지막 선물로

잘 받아들일게요

저 나라에 들고 갈게요

그러니 지금은

너무 크게 한탄하지도 말고

울지도 말고

엄숙하게 조용하게 나를 보내주세요

그리 힘들었던

육신의 고통을 벗고

흰 나비로 날아가는 나를 축복해주세요

천사와 함께 마중 나오시는

그분을 뵈러 나는 지금

가고 있어요. 안녕. 안녕!

「어느 임종자의 고백—친구의 임종을 지키던 날」

*

하느님
오늘 하루도
감사했습니다

순간마다
인내하고
순간마다
용서하는
하루의
길 위에서

참으로
수고가 많았다고
제가 저를 조금만

다독여주어도

괜찮겠지요?

살아갈수록

나이 들수록

제가 드릴 말씀은

왜 이리

가난한가요

오늘도 어제처럼

내일도 오늘처럼

변함없이 깨어 살도록

저를 도와주십시오

「끝기도」

나는 말이야
살다 보니 벌써 100세가 되었네
내 몸은 힘이 드는데
그래도 마음은 천국이야

· 24 ·

함께 산다는 사실이
힘과 용기를

    수녀원에서는 하루 일정표를 '날 질서'라고 부릅니다. 개인 시간과 공동 생활 시간이 있죠. 개인 시간에는 산보도 하고, 시도 쓰고 이런저런 생각도 합니다. 날마다 오후 3시에 수녀원 경당에서 15분 동안 20여 명의 연로한 수녀들이 자비의 기도를 바치고 나서 함께하는 시간이 있어요. 영상을 보고 따라서 가벼운 운동을 하거나 인지능력을 향상시키는 게임을 하고 가끔은 간식도 먹습니다. 모여서 잠시 함께하는 것만으로도 다시 살아갈 힘을 얻는 그야말로 재활의 시간인 것이지요.

    나이가 들고 몸이 쇠약해져도 수녀원의 생활은

크게 다르지 않아요. 연로한 수녀들은 누군가에 기대려고 하기보다는 오히려 더 힘차게 살아가려고 해요. 기도나 묵상 시간엔 더러 졸기도 하고 가끔은 서로 소통이 안 되어 동문서답을 하는 안타까운 상황도 발생하지만 그래도 공동체 안에서 '함께 산다'는 사실이 늘 힘과 용기를 줍니다.

    나는 말이야
    살다 보니 벌써 100세가 되었네
    연길에서 내려와 함께 살던 이들
    모두 다 나보다 먼저 가고
    이젠 나만 남았잖아
    어찌해야 할지 정말 모르겠네
    후배들에게 부끄럽고 민망하고…
    왜 이렇게 오래 사는 것일까?
    수녀가 말 좀 해봐요
    내가 그래도 수녀를 알아보는 게 신기하지?
    정말 오랜만에 내 방에 왔구먼
    시는 성령의 날개라고 내가 말한 것 기억나?
    수녀의 모친이 나에게 처음으로

뜨거운 성령 기도를 가르쳐준 것 잊을 수가 없네
바빠도 절대
무리하지 말라고, 알았지?
내 몸은 힘이 드는데
그래도 마음은 천국이야
나의 선종을 위해 기도해주길 바라

「어느 노수녀의 고백」

슬프고 어두운 이야기를
책에 담았다고 해도
그 책을 읽는 행위는
행복과 맞닿아 있습니다

· 25 ·
읽고 쓰는 수도자로
살아온 지 60년

읽고 쓰는 수도자로 살아온 지 60년이 넘었습니다. 1964년 올리베따노 성 베네딕도 수녀회에 입회하고 1968년 첫 서원을 했으니까요. 어린 시절부터 글쓰기를 했지만, 수녀회에 입회하면서 기도는 나의 음악이라는 생각으로 더 많이 읽고 썼으니, 제 수도 생활에서 책은 대단한 존재입니다.

1976년 종신서원을 하던 해에 나온 첫 시집 『민들레의 영토』가 많은 독자의 사랑을 받았습니다. 50년이 다 되어가는 이 첫 시집은 지금도 재쇄를 찍습니다. 아직 찾아주는 독자가 있다는 것이 놀라운 일입니다.

이렇게 긴 시간 독자들과 함께하고 또 연결될 수 있게 만들어준 것은 출판사와 서점들이죠. 하지만 책을 읽는 사람들이 점점 줄어들고 있어 걱정도 됩니다. 그래서 출판사와 서점이 건재하기를 바라는 기도를 간절히 하지요. 이들이 건재해야 독자와 책들이 계속 이어질 수 있을 테니까요.

그런 마음으로 동네 책방들을 순례하듯 방문합니다. 부산에는 보수동 책방 골목도 유명하지만 '생일책'이 있는 〈주책공사〉나 그림책 전문 서점 〈티티새와 나무〉 같은 특색 있는 서점들도 있어요. 작은 동네 책방에서는 종종 책방지기분이 저를 알아보고 서로 선물을 나누는 정겨운 풍경이 펼쳐지기도 합니다.

제가 쓴 책들은 제가 세상을 떠나도 이곳에 계속 남아 있겠지요. 지금처럼 『민들레의 영토』를 지켜나가는 분들이 있을 테니까요. 긴 세월 동안 얼굴을 모르는 독자와 우정, 그리고 사랑을 나눌 수 있었던 건 모두 책 덕분입니다. 제가 그동안 발표했던 책들은 물론 저를 '쓰는 수도자'로 만들어준 모든 책에, 그리고 그 책을 만드는 데 공여한 수많은 이에게 감사하는 마음을 늘 지니고 있습니다.

슬프고 어두운 이야기를 책에 담았다고 해도 그 책을 읽는 행위는 행복과 맞닿아 있습니다. 다른 세계를 공감할 수 있는 능력을 기르고 펼치는 게 행복입니다.

살아 있는 동안 더 많은 글을 읽고 쓰고 싶습니다. 하느님이 저에게 글을 써서 수도 생활의 아름다움을 보여주라 하신 것이니 죽는 날까지 그래야겠지요.

오늘도
책을 읽고
글을 씁니다

읽는 것도
쓰는 것도
오래된 습관으로
오랜 세월 지나니
그대로 보물이고
그대로 기도입니다

자연도 사람도
잘 읽는 법을
내게 가르쳐 준
수많은 책들에게 감사하고!

쓰는 일을 통해
발견되고 이어진 우정
넓게 퍼져나간 인연들
새롭게 감사하고!

내가 세상을 떠나도
세상에 남아 있을
읽기의 흔적들
쓰기의 흔적들

그 누군가에겐
'믿을 구석'이
될 수도 있다고
처음 드는 생각에
환한 꽃물이 들어

멀리 있는 벗들도
가까운 웃음으로
정답게 불러보는
오늘의 행복이여

「읽기와 쓰기」

서로가 가진 것을
나누며 즐거워하는 모습에
덩달아 기쁩니다

· 26 ·

독자들은 언제나
선물 같아요

　저에게는 독자들과의 관계가 특별합니다. 특히 제 첫 시집의 이름이자 애독자들이 활동하는 온라인 공간인 '민들레의 영토'의 독자들은 이제 가족 같아요. 요즘 SNS의 역할을 그때는 카페에서 했습니다.

　저의 시를 사람들과 나눠 읽으며 실연의 아픔을 극복하고자 했던 한 소년이 만든 공간이에요. 90년대 말에 생겨난 이후로 오랜 세월을 지나 이제는 활동하지 않는 독자들도 많지만 꾸준히 찾는 독자들끼리는 1년에 몇 번 모임도 갖고 하는 모습을 봅니다. 서로 언니, 오빠라 부르며 잘 지내는 것 같아요. 십대 어린 시절부터 제 글들을 찾아 읽고 좋아해주시다가 이제는 저와 함께 나이든 분들이죠. '민들레의 영토'의 문을 닫지 못하는 이유도, 제가 나중에 세상을 떠나더라도 독자들끼리는 그 공간을 통해 계속 인연을 이어나갔으면 하는 바람 때문이에요.

저의 문학에 대한 사랑도 있지만 이해인 수녀라는 한 사람에 대한 애정도 나누고, 그런 모습을 보는 게 좋았습니다. 저라는 존재를 매개로 해서 서로의 삶을 공유하고 들여다보는 소통의 장이 된 거죠.

'민들레의 영토'에는 다양한 재능을 가진 분들이 많아요. 묵주 팔찌를 손수 만들어 나누어주는 분도 있고, 제 시를 아주 예쁜 손글씨로 써주는 분도 있죠. 기록과 관련된 공부를 하는 분도 있는데, 제가 여태껏 다른 사람의 책에 쓴 '추천의 글'을 모아서 책자로 만들자는 이야기도 있었어요. 그렇게 서로가 가진 것을 나누며 즐거워하는 모습에 저도 덩달아 기쁩니다.

독자들이 카페에 남기는 댓글들도 시인으로서, 수도자로서 제게 큰 힘이 됩니다. "작은 민들레가 되고 싶어서 이곳을 찾았다"는 분, "평화로 가득 찬 삶을 살아야겠다는 반성을 하게 됩니다"라고 고백하는 분도 있지요. 제 시가 "가슴에 바르는 빨간 약"이라는 말도 기억에 남습니다. 댓글뿐만이 아니라 편지도 쌓여 왔지요. 그동안 독자들이 보낸 편지들은 제가 정말 소중히 보관하고 있어요. 편지만 모아둔 방이 있을 정도랍니다. 책장의 맨 밑부터 가장 높은 칸까지, 편지를 모아둔 파일들이 가득하지요. 그중 정말 감동적인 것들은 글방 잘 보이는 곳에 붙여놓기도 합니다. 독자들은 언제나 저에게 선물 같아요. 깊이 간직한 감사를 이번 기회에 전합니다.

막막할 때
위로가 되어주며
공부할 땐
지혜의 문을 열어준
책들에게
참 고맙다는 인사를
전하고 싶습니다

· 27 ·
책들에게
고맙다는 인사를

    시인으로서 50년, 수도자로서 60년의 인생 여정을 잘 걸어오게 해준 비결을 누가 묻는다면 저는 서슴없이 책 덕분이라고 대답하겠습니다. 물론 그간 저를 지도해주고 가르침을 준 많은 분의 덕택도 있지요. 그런 도움들도 제 인생에 큰 영향을 미쳤지만, 언제 어디서든 변함없이 '기댈 언덕' 또는 '숨은 보물섬'이 되어준 인생의 스승이자 친구는 바로 책들이었어요.
    제목만 읽어도 행복을 주는 책을 마음과 손에서 하루도 놓지 않는 삶, 그런 삶이야말로 행복한 삶이 아닐까요?

책은 인생에서 가장 중요한 길잡이 역할을 해준다고 생각해요. 어떤 일로 마음이 어지럽고 힘들 때, 갈피를 잡기 어려울 때 책 속에서 길을 찾곤 합니다. 방황할 때 길을 찾아주고 막막할 때 위로가 되어주며 공부할 땐 지혜의 문을 열어준 책들에게 참 고맙다는 인사를 전하고 싶습니다.

　　책을 읽다가 마음에 드는 구절을 발견할 때면 다시 읽어볼 수 있게 연필로 밑줄을 긋기도 하고 더러는 필사를 하기도 해요. 시간이 흐른 뒤 다시 읽어도 가슴 뛰게 만드는 그 보물들을 잊을 수가 없어서 소임 이동 때도 버리지 못하고 계속 들고 다니곤 합니다. 해인글방에도 아주 오래된 책들이 많아요. 여기저기 책 선물하는 것도 참 좋아하고요.

　　책도 다 스마트폰으로 보는 시대여서 그런 걸까요? 전철이나 버스, 기차 안에서도 요즘은 종이책 읽는 사람을 거의 볼 수가 없습니다. 그래서 어디선가 누가 책을 들고 있는 모습을 보면 다가가서 정겨운 인사라도 건네고 싶은 심정입니다. 한때 큰 사랑을 받았던 책방이나 출판사들도 줄줄이 문을 닫고 한숨 쉬는 모습을 보면 안타깝고 슬플 때가 많아요. 모두들 책을 더 사랑하고 곁에 두었으면 좋겠어요. 책만이 줄 수 있는 지혜와 감동이 있답니다.

글이라는 것이
정말 민들레 솜털처럼
날아다니면서
좋은 씨를 뿌렸구나

· 28 ·

민들레 솜털처럼
좋은 씨를 뿌렸구나

    '수녀 시인'으로 지낸 세월이 꽤 길다 보니, 저의 글과 시를 보고 수녀가 되기로 마음먹고, 정말로 수녀원에 입회한 이들도 보게 됩니다. 그럴 때는 여러 가지 마음이 들어요. 하나는 아름다운 글만 읽고 저를 상상한 수녀들이 막상 실제 저를 보았을 때 실망하면 어쩌지, 하는 조마조마한 마음이죠. 그리고 어떤 이들에게는 '이해인 수녀를 보고 수녀가 되기로 결심했다'라는 말은 하지 말라고 한 적도 있어요.

    하지만 세월이 지나니 그렇게 저의 영향을 받고 수녀가 된 분들이 참 소중하다는 생각이 듭니다. 제 글을 읽고 편지를 쓰고 또 마음을 전해주었던 작은 소녀들이 수녀가 되어 착실한 수도자로 살아가는 모습을 보면 참 흐뭇합니다.

글과 말이라는 것이 정말 작디작은 민들레 솜털처럼 날아다니면서 좋은 씨를 뿌렸구나, 하며 고마운 마음이 들어요. 제 시가 기쁜 날과 슬픈 날, 축시와 애도 시로 쓰이는 것을 볼 때면 그 고마움이 더 깊어지죠. 또 제가 쓴 글이 외국인들을 위한 한글 교재에 쓰일 때, 독자분들이 제 글을 필사해서 보내주실 때도 있어요. 제 시가 수능과 모의고사 필적 확인란에 자주 인용된다는 이야기를 듣고도 참 놀랍고 기뻤습니다. 앞으로도 저의 말들이 계속 그런 좋은 씨가 되어 영토를 넓힐 수 있을까요? 그저 기도할 뿐입니다.

작은 언니 작은 누나
작은 오빠 작은 형
작은 고모 작은 이모
작은 엄마 작은 할머니

작은…으로 시작하는
모든 말은

아름답고 따듯하다

나는
작은 고모 작은 이모
작은 언니 작은 수녀로
불리움을 새롭게 기뻐하며
더 많이 사랑하리라

사람들의 외로움과 추위를
기도 안에 녹여주는
작은 이가 되리라
누구에게나 정겨운
작은 수녀
작은 천사가 되리라

「작은 이」

· 29 ·

제게 보내진
마음들을 생각하며

　『민들레의 영토』가 첫 출간된 것이 1976년 2월 15일입니다. 파란 바탕에 노란 민들레가 그려져 있는 표지와 세로쓰기로 쓰인 시구들을 보면 세월이 참 많이 흘렀다는 것을 느낍니다. 그 시절에는 이메일도 없었고, 문자메시지도 없었지요. 그래서 모두 손편지로 소식과 안부를 주고받았습니다.

　『민들레의 영토』 출간 직후 받은 편지들은 제가 보기 쉽도록 종이 앨범에 모두 철해두었어요. 그 편지들을 다시 보면 참 감회가 새롭습니다. 종이는 모두 낡고 해어졌지만 그 위에 적힌 글씨들만큼은 생생히 살아 있는 것 같아요.

많은 분이 제 시집을 읽고 난 소회들을 적어서 보내주셨어요. 그중에서는 『민들레의 영토』를 읽고 눈물이 났다는 이야기들이 많았어요. "이 편지를 쓰는데 왜 자꾸 눈물이 나는지 모르겠어요. 원체 예술에는 문외한인 저이지만 수녀님의 시 속에는 제 마음도 들어 있어요"라는 편지의 말이 제 가슴속에 남습니다.

"시구를 더 이상 낭독할 수가 없었습니다. 목소리가 떨려오고 가눌 수 없는 슬픔인지 기쁨인지의 뭉클한 덩이가 더 이상 읽을 수 없게 하였습니다"라고 말하는 이도 있었습니다.

"어떤 시의 어느 말이 좋고 등은 이야기할 수 없어요. 전 그런 것을 잘 모르니까요. 근데 해바라기를 좋아하시는 수녀님의 「해바라기 연가」는 너무 좋아요. 벌써 외웠어요. 친구들한테 들려도 주고 편지로 적어도 주고 그랬어요"라는 귀여운 마음을 담은 편지도 있었지요.

음악과 사상, 방송 등이 검열되기도 하던 그 시절에 '시'의 말들이 전하는 감정의 파급이 지금과는 달랐으리라, 하는 생각도 듭니다. 그러니 시 한 편이 전하는 감동도 더 컸겠지요. 이제는 마음을 꾹꾹 눌러 담아 손편지를 쓰는 시대가 아니지만 저는 여전히 제게 보내진 마음들을 생각하며 시를 씁니다. 시 또한 민들레 솜털이 되어 날아가 모두에게 닿기를 바라면서요.